쉽고 간편하게 그림으로 배우는
알짜배기 골프 2

쉽고 간편하게 그림으로 배우는
알짜배기 골프 2

발행일 2017년 8월 22일 1판 1쇄

지은이 이봉철·박상용
발행인 최봉규

발행처 지상사(청홍)
등록번호 제2002-000323호
주소 서울 강남구 언주로79길 7(역삼동 730-1) 모두빌 502호
우편번호 06225
전화번호 02)3453-6111 **팩시밀리** 02)3452-1440
홈페이지 www.jisangsa.co.kr
이메일 jhj-9020@hanmail.net

ⓒ 이봉철, 박상용 2017
한국어판 출판권 ⓒ 지상사(청홍), 2017
스포츠모델·이유민 / 사진일러스트·이유경
ISBN 978-89-6502-277-0 (04690)
ISBN 978-89-6502-275-6 (세트)

이 도서의 국립중앙도서관 출판시도서목록(CIP)은 e-CIP홈페이지(http://www.nl.go.kr/ecip)와
국가자료공동목록시스템(http://www.nl.go.kr/kolisnet)에서 이용하실 수 있습니다.
(CIP제어번호: CIP2017016758)

쉽고 간편하게 그림으로 배우는

알짜배기 골프

이봉철 박상용 지음

2

지상사 Jisangsa

초보 골퍼 스스로의 관심과 흥미를 유발 단계적인 지도 방법을 제시한 책

안녕하세요. 호서대학교 스포츠과학부 골프전공(KLPGA 프로) 정일미 교수입니다. 나의 삶의 기쁨 중의 하나는 좋아하는 일이 있다는 것이며, 또한 좋아하는 일을 지금까지 하고 있다는 것입니다. 그것은 30년을 넘게 동고동락해 온 골프입니다. 오랜 기간 골프를 지속하는 비결은 하고 싶은 일을 해야할일로 만들어갔기 때문입니다. 8번의 KLPGA 투어 우승의 골프선수로서 활동하면서 현재는 챔피언스투어 시합에 출전하며 대학에서 후학을 양성하는 교육자로서 활동을 하고 있습니다.

대한민국의 골프 시장은 대중화되어 가고 있습니다. 골프 종목을 올림픽에서 금메달을 획득의 승전보로 국민들을 통합시키고 인간 내면화의 공기로서 그 위치를 확고히 자리 잡고 있습니다. 이제는 스포츠 강국으로서 국민의 삶의 질을 향상시키는 한국의 골프 문화를 일부 소수가 아닌 대중의 스포츠로 사회 통합과 조화로운 사회 구현에 목표를 두어야 한다고 생각됩니다.

《알짜배기 골프》는 엘리트 선수를 양성하는 성과주의의 골프가 아닌 지, 덕, 체 중심의 전인교육으로 친밀한 유대감을 제고시키고 목표 성취를 위한 합리적인 행동 규범을 풀어나가고 있습니다. 특히 재미있고 알찬 내용은 스킬 중심의 골프 레슨을 지향하는 골퍼들에게 가지고 있는 운동 수행능력과 잠재되어 있는 능력을 개발하기 위한 구성으로 초보 골퍼 스스로의 관심과 흥미를 유발시키면서 읽을거리를 제공하고 있습니다.

우리나라의 골프 스포츠는 이제 내면화와 사회화를 위해 골프 스포츠를 제도권 밖 교육에서 제도권 안으로 전환되어야 합니다. 골프는 일부 특권층의 전유물은 아닙니다. 물리적, 공간적 시설과 과도한 비용 등이 필요하다는 기존의 관념을 벗어나서 양질의 자원과 혜택을 개인이 선택할 수 있도록 사회 전체가 용인하고 웰빙을 위한 자기주도 학습으로 이어져야 합니다.

골프는 개인 운동으로 연습의 방법이 중요합니다. 이 책은 참여자들의 기초 체력을 다지고 균형 잡힌 자세를 연습할 수 있도록 준비 운동과 근력의 구조에 따른 숙달 방법으로 체력을 단련하고 운동 시 부상을 방지하는 체계적이고 과학적인 연습 방법을 제시하고 있습니다.

《알짜배기 골프》는 골프마니아를 위해 스트레칭 훈련과 밸런스 훈련, 그리고 심리 훈련을 시행함에 있어 초심자들이 싫증을 내지 않고 자발적이며 능동적인 참여를 할 수 있도록 단계적인 지도 방법을 제시한 책 입니다.

단계적으로 처음에는 맨몸이나 변용된 도구를 사용하여 자연스럽게 골프에 흥미를 갖도록 하면서 체력을 증진하는 기초 체력운동, 운동 수행능력, 스윙 스킬에 따른 차별화를 주는 최고의 책입니다. 《알짜배기 골프》는 지도자에게는 체계적이고 과학적인 지도 방법을 제시하고, 배우는 골퍼들에게는 운동 수행의 지침서로서 통섭의 지혜를 가지기 바랍니다.

호서대학교 스포츠과학부 골프전공(KLPGA 프로)

정일미 교수

알짜배기 골프는 맨발로 알아갑니다
자기주도 학습으로 알아 가는 힐링 골프

우리는 놀이와 게임과 스포츠에는 친근하지만 골프에는 거리감이 있습니다. 특정인들의 전유물로만 생각하기 때문입니다. 알짜배기 골프는 놀이이자 게임이며 스포츠입니다. 알짜배기 골프는 맨발로 알아가는 징검다리 골프로서 골프 초보자들이나 비기너들의 기초 체력을 배양하고 자기주도 학습을 위한 힐링 골프입니다.

성인들의 대중화된 골프를 어린이들의 놀이에 접목시켜 스포츠의 순기능인 내적 만족을 통한 신체적 경쟁을 통해 유소년들에게는 성장 운동 기능과 어린이의 운동 신경 능력을 증가시키며 성인들에게는 사고 감정 및 행동 양식을 통합하고 조화롭게 하기 위함입니다.

알짜배기 골프는 인체 각 기관의 고유 기능을 제대로 수행할 수 있도록 자유로운 라운지나 체계화된 학습 공간에서 시공간을 활용하여 원활하게 운동 수행을 할 수 있도록 하기 위한 전인 교육과 스포츠의 사회화를 지향합니다.

알짜배기 골프는 참여 스포츠의 대중화를 위해 엘리트 선수를 양성하는 성과주의의 골프가 아닌 지, 덕, 체 중심의 전인 교육으로 친밀한 유대 감정을 제고 시킵니다. 또한 목표 성취를 위한 합리적인 행동 규범을 제시하는 모든 대상들에게 즐겁고 재미있게 맨발로 친근하게 다가갈 것입니다.

특히 골프를 배우는 초보자에게 잠재되어 있는 능력을 개발하기 위해 알짜배기 단계적인 훈련 교육을 통해 주입식의 지루한 교육 형태가 아닌 비기너 스스로의 관심과 흥미를 유발시키는 훈련으로 단련되어져야 합니다.

알짜배기 골프는 초심자들이 자연스럽고 빠르게 골프에 익숙해지기 위한 골프입니다. 단계적으로 기본적인 자세와 기술, 용어 등의 핵심적인 요소들을 파악하며 배움과 동시에 역학적인 신체의 움직임을 통해 균형 잡힌 신체 발달도 유도합니다.

신체의 조화와 안정을 위해 기초 체력을 바탕으로 개인의 신체 발달에 따라 참여자 스스로 골프에 대한 흥미와 잠재력을 키워나가 골프의 무한한 가능성을 찾게 합니다.

골프는 개인 운동입니다. 개인 운동은 연습의 방법이 중요합니다. 참여자들 스스로 기초 체력을 다지고 숙달 방법으로 체력을 단련하고 운동 시 부상을 방지하는 체계적이고 과학적인 연습으로 운동되어야 합니다.

알짜배기 골프는 골프를 위해 스트레칭 훈련과 밸런스 훈련, 그리고 심리 훈련을 시행함에 있어 초심자들이 싫증을 내지 않고 자발적이며 능동적인 참여를 할 수 있도록 단계적인 지도 방법을 제시합니다.

알짜배기 골프는 체계적인 훈련으로 많은 시간을 할애하는 라운드 중심의 엘리트 선수들에 비하여 주어진 시설에서 골프 스포츠에 대한 실체를 알 수 있도록 연령에 맞게 스트레칭과 워밍업을 충분히 시켜주면서 흥미와 지식을 제공합니다.

특히 기형화된 자세에 잠재되어 버린 능력을 개발하기 위해 스킬 중심의 스윙 척도에서 운동 수행 능력 향상과 스윙을 위한 드릴을 중점적으로 정리하였습니다. 아울러 신체 발달, 운동 신경, 자기감정 조절, 사회성과 정서, 창의력, 도전성 고취 등 목표 관리의 프로그램으로 정신력과 협동심을 키우고 인간관계도 넓힐 수 있도록 합니다.

알짜배기 골프는 진입이 어려운 초심자들에게 균형 잡힌 자세를 만들고 기초 체력을 향상시키기 위해 ① 기초 과정, ②응용 과정, ③심화 과정으로 단계화한 체계적인 코칭으로 정리하였으며 골프 스포츠로 배우는 인간의 지적 능력과 운동 수행 능력을 배양시키기 위함입니다.

저자 이봉철 박상용

CONTENTS ────────────────────────────────

03 골프 스윙 바로미터

04 골프 규칙 바로 알기

응용 과정

01 흥미로운 골프 알기

🏌 홀 구조와 18홀은 길이가 얼마나 되나요?

◈18홀의 생김새는 게임을 즐겁게 하기 위해 짧은 거리의 홀이 4개, 중간 홀이 10개, 긴 홀이 4개로 구성되어 있습니다. 18개 홀의 생김새는 모두 다릅니다. 통상적으로 PAR3의 홀은 대부분 250 야드(229미터) 이내의 거리를 말하며, PAR4의 홀은 470야드 이내의 거리고, PAR5의 홀은 대부분 471야드 이상의 거리를 갖고 있어 거리를 많이 내는 골퍼가 유리합니다.

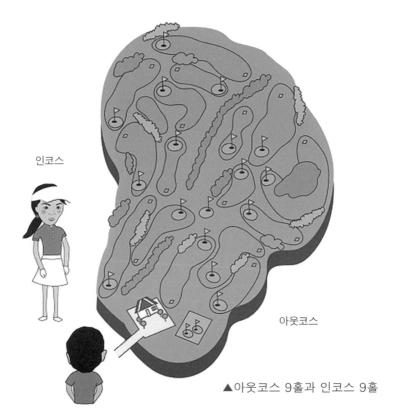

인코스

아웃코스

▲아웃코스 9홀과 인코스 9홀

◎ PAR3(short hole)

◆250야드 이하의 짧은 홀로써 티잉그라운드에서 한 번에 그린에 볼을 올리고 두 번 만에 구멍에 넣는 홀입니다.

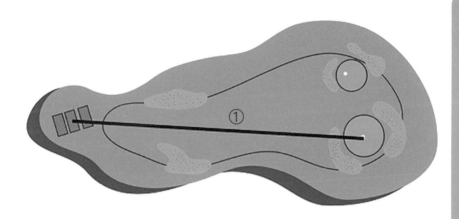

◎ PAR4(middle hole)

◆251~470야드의 홀로써 티잉그라운드에서 두 번에 그린에 볼을 올리고 두 번 만에 구멍에 넣는 홀입니다.

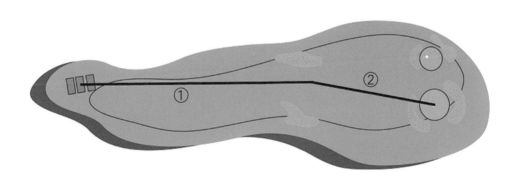

⊙ PAR5(long hole)

◆471야드 이상의 긴 홀로써 티잉그라운드에서 세 번에 그린에 볼
을 올리고 두 번 만에 구멍에 넣는 홀입니다.

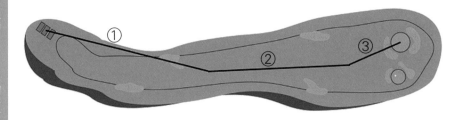

⊙ 골프 게임에 사용되는 장비는 몇 개인가요?

◆골프 게임은 최대한 거리를 내야하는 파워 게임과 방향성을 조절
하는 숏 게임을 잘해야 골퍼가 원하는 목표 지점을 공략할 수 있
습니다. 좋은 스코어를 내기 위해서는 비거리와 방향성을 위한 장
비를 잘 선택해야 합니다.

◆우드클럽인 1번 클럽은 드라이버로 헤드가 커서 빅스틱이라고 불
리우며 티샷 이외에는 사용하지 않습니다. 숟가락처럼 생겼다고
해서 스푼이라 불리는 3번 클럽, 갈고리라는 의미의 5번 클럽 클
리크, 천국의 골프채여서 치는 대로 잘 맞는다는 7번 클럽 헤븐
우드는 긴 홀에서 주로 사용됩니다.

◈아이언은 금속으로 만들었다고 해서 붙여진 이름입니다. 번호가 작을수록 클럽의 길이와 비거리가 납니다. 그리고 롱, 미들, 숏 아이언으로 구분합니다. 이외에도 현장 특성에 맞는 샷을 위해 만들어진 모래에서 탈출하는 샌드웨지와 가까운 거리에서 사용하는 피치웨지가 있습니다. 그리고 그린의 홀을 향해 공을 굴리는 퍼터가 있습니다.

◈이 모든 것의 종류는 14개 이내로 사용되어야 합니다.

1

흥미로운 골프 알기

⚫ 클럽마다 중량이 다른가요?

◆ 골프 클럽의 중량은 골퍼의 비거리와 방향성에 영향을 미칩니다. 힘 있는 골퍼는 무거운 중량의 클럽을 선택하지만 힘없는 골퍼는 스윙의 움직임에 불편함이 없는 중량을 선택해야 합니다.

◆ 드라이버 총중량은 약 300g이며, 7-8번 아이언 총중량은 약 380~440g, 퍼터 총중량은 약 500g 정도입니다. 이처럼 클럽은 무게와 길이 때문에 골퍼들의 체력과 스윙 스피드에 비례해야 공을 잘 맞힐 수 있습니다. 특히 스윙 시 큰 힘을 발생하기 때문에 골퍼 자신의 신체 안전과 주위의 안전수칙을 잘 지켜야 합니다.

⚫ 연습장에서 지켜야 할 수칙

◆ 골프 클럽의 재질은 스틸로 만들어져 무거운 중량이므로 위험합니다. 사용 시에는 주변의 시설물이나 안전에 조심하여야 합니다. 연습장 이용과 라운드 시 안전수칙을 철저히 지켜져야 합니다.

⚉ Safety Regulations(안전수칙)

◉안전수칙을 준수합니다.

◉정숙하면서 바른 복장을 착용합니다.

◉타인에게 불쾌감을 주는 행동은 삼가야 합니다.

◉동행한 사람의 안전은 이용자의 책임입니다.

◉위험하므로 연습장 어린이 동반은 삼가야 합니다.

◉타석 이외의 장소에서는 스윙을 금지합니다.

◉음주 후 골프 연습은 금지합니다.

◉타석 출입 시에는 좌우를 확인, 안전한 통로를 이용합니다.

◉타인에게 부상을 입혔을 경우 책임은 가해자입니다.

◉소속 골프 강사 이외에는 골프 지도를 삼가야 합니다.

◉골프 장비 및 개인 물품은 직접 관리하고 분실에 유의합니다.

◉귀중품은 사무실에 보관합니다.

◉연습장 이용은 셀프 서비스를 원칙으로 합니다.

1

흥미로운 골프 알기

⛳ 라운드 시 Use Rule(사용규칙)

◉플레이 시 주의사항 안내를 고지합니다.

◉신사적 에티켓과 매너를 유지합니다.

◉지정된 장소에서 연습 스윙을 합니다.

◉안전사고 방지를 위하여 진행 직원의 요청에 적극 협조합니다.

◉안전 관리상 위험한 장소에는 접근을 금지합니다.

◉클럽 내 화재의 위험이 높은 물품은 휴대를 금지합니다.

◉타자의 전방 위험을 확인합니다.

◉인접 홀에 타구 되지 않도록 충분히 주의합니다.

◉OB타구에 대한 Fore(볼) 소리쳐야 합니다.

◉경기 중 후속 팀에 사인 시 안전하게 대피합니다.

◉퍼팅 후 퍼팅 그린에서 신속히 벗어납니다.

◉허용된 통행로를 이용합니다.

◉경기 중 발생시킨 훼손과 변형에 대하여는 경기자가 배상합니다.

◉경기 진행 중 클럽이 대피를 요청할 때는 이에 따릅니다.

◉지정된 장소 이외 금연을 준수합니다.

◉카트 운전을 함부로 하지 않아야 합니다.

🏌️ 골프 스윙의 원리를 알아볼까요?

◆골프 스윙의 원리는 허리 아래에서 굴리는 스윙과 허리 위로 뿌리는 스윙으로 작은 스윙과 큰 스윙으로 나눕니다. 먼저 작은 스윙은 상체 스윙으로 볼을 굴리는 방법과 띄우는 방법입니다. 굴리는 방법은 무릎 아래에서 볼을 지면에 최대한 가깝게 굴리는 방법이며, 띄우는 방법은 지면에서 허리 위로 들어 올리는 두 가지 방법을 연습해야 합니다.

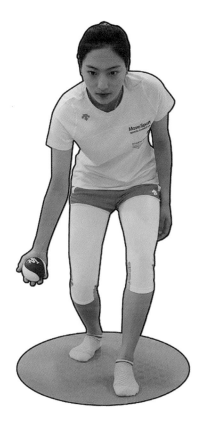 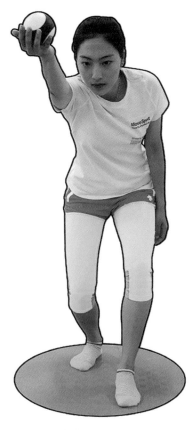

▲무릎 아래에서 굴리는 스윙　　　　▲허리 위로 띄우는 스윙

🏐 볼을 때리는 원리를 알아볼까요?

◆골프 스윙에서 볼을 때리는 방법은 큰 스윙으로 하체 스윙입니다. 볼을 허리 아래에서 던지는 연습을 먼저 익히면 쉽습니다. 야구선수가 언더스로우로 던지는 방법을 연상하면 됩니다.

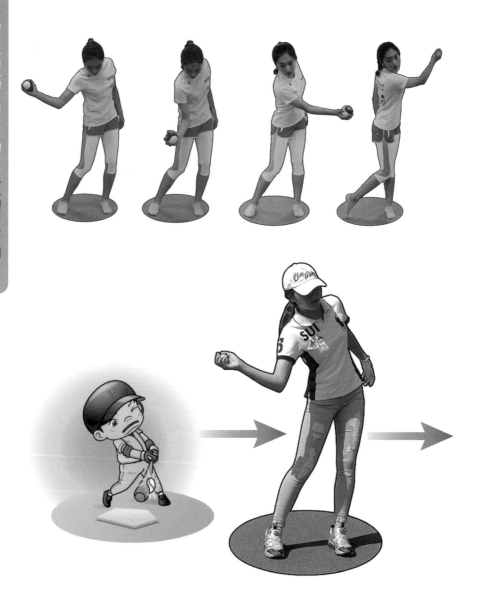

02 제대로 된 골프 학습

😊 놀이와 게임, 스포츠는 어떻게 다른가요?

◆우리는 단순히 놀기도 하고, 게임도 하고, 스포츠도 합니다. 놀이, 게임 및 스포츠는 신체활동이 주를 이루게 됩니다. 놀이에서 게임으로 다시 스포츠로 발전해 온 것처럼 초등학교에서는 놀이와 게임을 통해 교육하지만 중학교, 고등학교, 대학교로 진학하면 스포츠를 통해 교육하는 등 교육 수준이 높아질수록 스포츠와 가깝게 됩니다. 이는 놀이와 게임은 신체적 정신적 능력을 개발하는데 좋지만 스포츠는 사회성을 기르는데 적합하기 때문입니다. 놀이와 게임과 스포츠는 건전한 몸과 온전한 운동 능력을 기르는 것을 목적으로 하는 체육 교육입니다.

더 나아가 놀이에서 진화된 스포츠는 자기표현, 인간관계, 몸의 움직임 등과 관련하여 더 나은 삶을 살기 위한 자발적인 신체 활동으로 다양화된 현대 사회에 적응할 수 있는 생활체육입니다.

⚾ 놀이는 즐기는 것입니다 - [PLAY]

◆스스로 방법을 결정하며 혼자서 또는 친구들과 놀 수도 있습니다. 일정한 규칙이 없고, 경쟁이 요구되는 것도 아닙니다. 연날리기, 윷놀이, 숨바꼭질이나 술래잡기 등이 있습니다. 놀이는 활동 자체가 즐거움과 만족을 주고 어떠한 강제성이 없이 자발적으로 행하는 활동, 자신의 내면에 몰입해 만족감을 갖습니다.

🎱 게임은 내기하는 것입니다 - [GAME]

◈놀이에서 발전된 형태로 일정한 규칙이 있고 승패가 결정됩니다. 경쟁이 포함될 수도 있으나 팀을 그때그때 마음대로 정하며 친목 도모를 중요하게 생각합니다. 카드게임, 풍선 터트리기, 마술게임 등이 있습니다. 게임은 규칙을 정해 놓고 승부를 겨루거나 즐기는 놀이를 말합니다.

2 제대로된 골프 학습

⚙ 스포츠는 배우는 것입니다 - [SPORTS]

◈게임에서 발전된 형태로 조직적 팀 구성과 정해진 규칙 아래 심판 의 감독 아래 경기하는 것입니다. 배구, 농구, 축구, 야구, 골프 등 이 있습니다. 스포츠는 경쟁과 유희성을 가진 신체 운동 경기의 총칭으로 성취감을 추구하고 상대와 겨룸으로서 만족감을 갖습 니다.

쉽고 간편하게 그림으로 배우는 알짜배기 골프 ②

BADMINTON

🏌 골프의 수행 과정을 살펴볼까요

◆골프 게임은 눈으로 보고, 머리로 판단하여, 몸으로 스윙합니다.

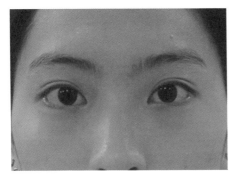

▲눈으로 보고

▲머리로 판단하여

◀몸으로 스윙

2

제대로된 골프 학습

a golf course
Golf is his oyster.
When you play a round of golf, you compete with other players.

🏌 골프를 배우면서 알아야 할 영역

◆다양한 기술에 관련된 기본적인 스윙을 알아야 합니다. 골프는 1764년 18홀을 확정한 이후에 통계로 내려오는 과학적인 운동입니다. 650여 개의 근육에 필요한 유연성과 힘이 필요한 피트니스를 하여야 합니다. 코스마다 18홀이 모두 다르게 설계되어 있어 코스 경영을 할 줄 알아야 합니다. 불특정한 다수의 경쟁자와 경쟁하기 때문에 심리적인 '멘탈붕괴'의 극복이 요구됩니다.

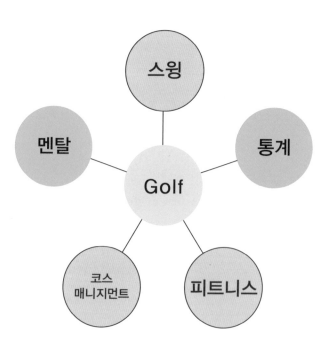

🏐 유연성을 위한 몸풀기를 하여 볼까요

◆골프 스윙에 도움을 주는 자세로 골프에 동원되는 근육 군을 풀기 위한 응용 스트레칭 동작입니다.

■어드레스 자세 양팔 앞으로 나란히 들어 올립니다.
왼손을 하늘 위로 들며 오른손은 반대쪽으로 90도 지면과 평행하게 회전합니다.

2

재대로 된 골프 학습

① 삼각근 ②

■양손을 무릎 위에 올려 굽히고 상체 뒤로 젖히기

쉽고 간편하게 그림으로 배우는 알짜배기 골프 ②

① ② ③

대퇴직근

햄스트링　비복근

광배근

■양팔을 들어 올려 허리를 굽히고 양손을 좌우로 젖히기
(어깨-견갑골, 허리-광배근, 다리-햄스트링)

■양손 깍지를 끼고 상체 구부리기

어깨유연성

허리, 다리

🌀 골프 스윙은 어떻게 하나요

◆골프 스윙은 준비 동작에서 스윙 동작, 그리고 마무리 동작이 있습니다. 준비 동작은 볼을 잘 맞추기 위한 얼라이먼트를 통한 에이밍입니다. 스윙 동작은 어드레스에서 테이크어웨이를 포함한 백스윙, 스윙 탑, 다운스윙, 임팩트, 팔로우스루 이어지며 피니시 스윙으로 마무리 합니다. 마무리 동작은 스윙 동작을 완성하고 오른쪽 어깨가 목표를 향하도록 하면서 1~2초 정도 피니시 자세로 몸의 균형을 유지해 줍니다.

■7단계의 골프 스윙 중 임팩트 스윙이 가장 중요합니다.

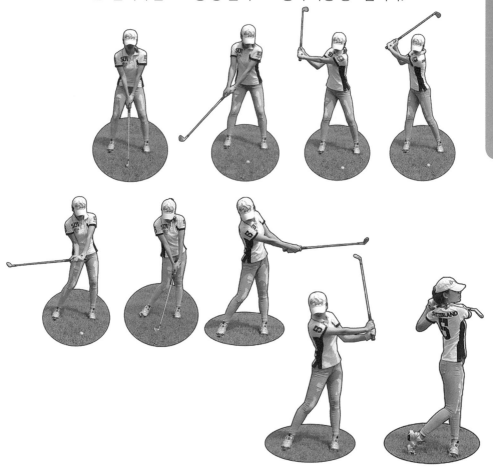

03 골프 스윙 바로미터

🏌️ 골프 스윙 셋업(준비)은 어떻게 하나요

◆ 골프 준비 자세는 어드레스를 하기 전에 에이밍과 얼라이먼트를 먼저 잘해야 합니다. 겨냥, 조준이라는 에이밍은 골퍼가 타깃을 향해 방향을 설정하는 것이며, 얼라이먼트는 타깃에 대한 정렬로 발끝선에서부터 무릎선, 어깨선, 눈선까지 타깃 라인에 평행으로 셋업하는 것을 말합니다.

◆ 어드레스는 골프 스윙을 위한 준비 자세로 티잉그라운드에서 공을 치기 전에 발 자세를 잡고 클럽을 땅에 댄 자세입니다. 스탠스는 스윙할 때 발의 자세를 말하는데, 어깨넓이가 기본입니다. 골프 스윙은 공을 날리기 위해 스윙이 커지므로 몸이 흔들리지 않도록 하반신이 안정되어야 합니다. 신체적인 조건에 따라 약간 다르지만 기본적인 어깨넓이가 기본으로 클럽의 크기에 따라 약간 넓게 서거나 좁게 서기도 합니다.

🏌 좀 더 자세히 어드레스 기본을 알아볼까요

◆치고자 하는 목표로 정확하게 공을 날리기 위한 자세를 어드레스
라고 하는데, 어드레스가 제대로 되어 있지 않다면 스윙을 잘해
도 공은 엉뚱한 방향으로 날아가게 됩니다.

🏌 어드레스 포인트

1 공에 맞추어 자세를 정합니다. 그런 다음 공 옆에서 클럽페이스
  (클럽 헤드의 공을 치는 면, 타구면)를 목표에 맞춥니다. 그 후 목
  표선과 평행을 이루도록 합니다.
2 어깨와 양팔을 이은 선으로 역삼각형을 만듭니다.
3 양 무릎은 가볍게 허벅지 안쪽을 지지해 줍니다.
4 시선은 공이 클럽에 맞는 쪽(오른쪽)에 둡니다.

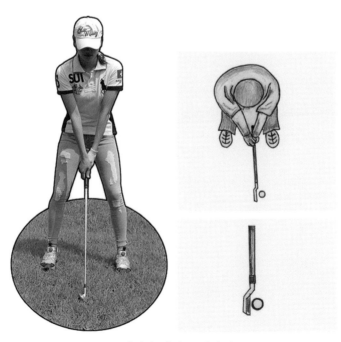

▲어깨와 양팔은 삼각형

⊛ 어드레스 시 조심해야 하는 주의사항은 없나요

◆안정된 스윙을 위해서는 다음 몇 가지를 조심해야 합니다.

①시선은 공이 클럽에 맞는 쪽에 둡니다.

②무릎을 가볍게 구부리고 허벅지 안쪽을 지지

　하는 느낌입니다.

③주먹이 한두 개 들어갈 정도로 유지합니다.

④발가락으로 땅을 움켜잡는 느낌으로 섭니다.

⊛ 올바른 그립잡기

◆그립은 골프 클럽 손잡이 부분을 말하는데, 골프에서는 골프 클럽의 손잡이를 잡는 방식입니다.

◆그립은 양손으로 잡기 때문에 양손의 쥐는 힘이 균등하게 잡고 양손의 힘이 같아져야 임팩트 순간의 타구감이 좋아 볼을 제대로 칠 수 있습니다.

▲왼손

▲오른손

◎ 그립의 완성

◆좀 더 자세히 그립잡기를 알아보겠습니다. 볼 방향성과 거리를 내기 위한 최적의 그립은 오른손의 엄지와 검지가 만드는 역'V'자가 오른쪽 어깨와 뺨 사이의 지점을 향하게 해야 탄탄한 그립이 완성됩니다. 만약 오른손의 역'V'자가 얼굴이거나 얼굴 왼쪽을 향하게 된다면 임팩트 순간에 과도한 힘이 들어가게 되어 볼이 우측으로 밀리거나 당겨지는 샷이 나오게 됩니다. 또 클럽페이스가 목표의 오른쪽을 향해 맞음으로서 슬라이스(오른쪽으로 휘는 공)가 발생합니다.

▲왼손 그립

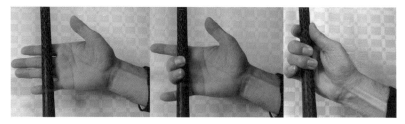

▲오른손 그립

3

골프 스윙 바로미터

🏌 그립 잡는 방법

◆ 양손으로 잡는 방법에 따라 골프 그립은 우선 양손 중 오른손과 왼손이 겹쳐지는 것으로 구분하는 오버래핑, 인터로킹, 베이스볼 그립으로 구분합니다.

■ 오버래핑 그립은 일반적으로 많이 사용하는 그립으로 왼손 검지 혹은 왼손 검지와 중지 사이에 오른손 새끼손가락을 얹는 방법입니다. 손이 적당히 크고 힘이 있는 남성에게 어울리며 양손의 균형 감각이 뛰어나 스윙이 안정적인 그립입니다.

■ 인터로킹 그립은 왼손 검지와 중지 사이에 오른손 새끼손가락을 깍지 끼는 방법입니다. 손이 작고 힘이 없는 사람에게 알맞은 그립입니다.

■ 베이스볼 그립은 야구 배트 쥐는 식으로 하는 그립으로 힘이 약한 여성이나 노인에게 적합한 그립입니다.

◀오버래핑 그립

▲인터로킹 그립

▲베이스볼 그립

◆ 돌려 쥐는 정도에 따라 왼손 그립을 그립의 중앙으로부터 왼쪽, 오른쪽으로 돌려 쥐는 정도에 따라 위크 그립, 스퀘어 그립, 스트롱 그립으로 나누기도 합니다.

■ 위크 그립은 오른손 역'V'자가 왼쪽 뺨을 가리키는 그립입니다.

■ 스퀘어 그립은 왼손의 손등이 클럽을 적게 덮는 그립으로 역'V'자가 얼굴을 향합니다. 스윙 시 클럽페이스가 열려 맞으므로 슬라이스의 원인이 됩니다.

■ 스트롱 그립은 양손이 오른쪽으로 많이 돌아가는 그립으로 역'V'자가 오른쪽 어깨와 뺨 사이를 가리키는 그립입니다. 스윙 시 클럽페이스가 닫혀 맞으므로 훅의 원인이 됩니다.

①

▲위크 그립

②

▲스퀘어 그립

③

▲스트롱 그립

🏌 스윙 시 양팔의 지렛대 기능

◆오른팔의 기능 ①두 손으로 클럽을 잡습니다. ②오른손 한 손으로 클럽을 잡고 직각으로 구부립니다. ③상체를 회전시킵니다. ④왼손을 오른손 밑으로 그립하면 백스윙 자세가 됩니다.

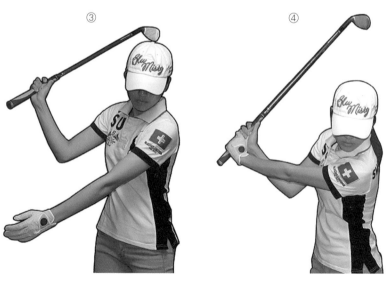

◆왼팔의 기능 ①왼손으로 클럽을 잡고 오른손은 왼팔의 상완을 잡습니다. ②클럽을 잡은 왼손을 직각으로 구부리며 상체를 회전시킵니다. ③오른손을 왼손 위로 그립하면 팔로우스루 자세가 됩니다. ④이어 피니시 자세를 취합니다.

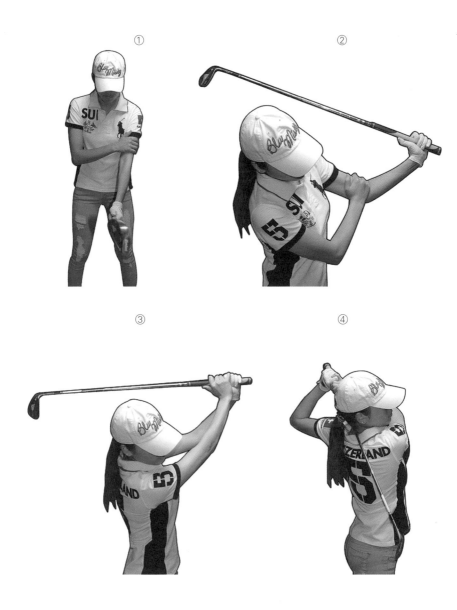

🏌 스윙 시 상체와 하체의 역할

◆골프 스윙은 하체를 받침대로서 상체의 회전을 시키는 운동입니다. 굳건한 하체는 파워를 생산하며 유연한 상체는 빠른 스피드를 유지해 줍니다.

▲상체(몸통)는 스윙의 축　　▲하체는 받침대 역할

🏌 스윙 시 회전축은 무엇인가요

◆회전축은 척추가 중심이 되어야 합니다. 백스윙 시에는 오른쪽 다리를 축으로 다운스윙 시에는 왼쪽 다리로 중심이 이동되는 하체를 이용한 스윙이 되어야 합니다.

▲백스윙 시 오른쪽 다리와　　▲다운스윙 시 왼쪽 다리와
　척추가 회전축　　　　　　　　척추가 회전축

🌀 스윙 시 시선은 어디에 두어야 하나요

◆골프 스윙 시에는 본능적으로 볼이 날아가는 방향을 보기 위해 머리를 든다던지, 무릎이 일어선다든지, 허리가 펴진다던지 하는 문제점이 발생합니다. 이는 좋지 못한 여러 가지의 구질이 나올 수 있기에 이를 방지하기 위해서는 스윙 시에는 시선이 볼에 집중되어야 합니다.

🎨 척추의 올바른 임팩트 길러내기

◆임팩트는 골프 스윙 시에 가장 중요한 부분입니다. 정확한 임팩트를 위해서는 하체를 고정하고 상체로 타격하는 임팩트 연습법을 길러야 합니다. 빨리 일어서는 골퍼들의 약점을 예방할 수 있습니다. 빨리 일어서기 방지 드릴입니다.

임팩트를 위한 훈련입니다.

⚽ 스윙을 위한 준비 몸동작

◆어깨 회전 강화 운동입니다.

1-1단계, 어깨를 처음에는 어깨만 적은 원을 그립니다.

2-2단계, 견갑골을 전체적으로 돌립니다.

3-3단계, 손을 어깨에 닿아 동그랗게 어깨를 돌립니다.

승모근

삼각근

■하체 강화 운동입니다.

노를 젓듯이 하는 힌두 스쿼트 자세입니다.

1 어드레스 자세에서 힙을 뒤로 빼면서 상체를 숙이고 팔을 노를 젓듯 앞으로 던집니다.

2 힙을 강하게 수축하면서 상체를 바로 세웁니다.

3 가슴 높이에서 팔꿈치를 구부려 승모근과 광배근을 조입니다.

승모근

광배근

대퇴직근

햄스트링

04 골프 규칙 바로 알기

골프 규칙

◆골프는 에티켓 스포츠입니다. 골프는 신사와 숙녀의 스포츠라고 합니다. 실력도 중요하고 그만큼 예절도 지켜야 한다는 스포츠정 신이 들어있습니다. 특히 골프는 심판 없이 스스로 경기 룰을 지 켜 가면서 동반자와 함께 경기하는 스포츠입니다. 자신의 골프 지 식을 가지고 불특정한 다른 사람들과 함께 즐기는 스포츠이기 때 문에 기본 규칙을 숙지하고 있어야 하고 다른 사람의 의견도 청취 할 줄 알아야합니다. 골프는 먼저 스윙부터 배우지만 필드에서는 골퍼가 지켜야 할 기본 골프 규칙을 알고 지키는 것도 중요합니다.

반드시 알아야 할 기본 골프 규칙

■아웃오브바운즈 벌타는 몇 타인가요.

2구를 치는 지역에 따라 다릅니다. 원칙직으로 OB는 1벌타 입니 다. 처음 친 볼을 쳤던 지점에서 다시 2구째를 쳐야 합니다. OB는 2벌타라는 것은 로컬룰로 원구를 쳤던 자리에서 치지를 않고 진 행상 OB티에서 치기 때문에 2벌타로 계산됩니다.

■드롭은 한 클럽 길이인가요. 두 클럽 길이인가요.

무벌타 드롭은 한 클럽 길이 이내이며, 벌타 후 드롭은 두 클럽 길 이 이내입니다. 길이 측정은 클럽 중 가장 긴 드라이버로 하는 것 이 유리합니다.

■벙커에 볼이 깊이 박혀 있어요.

벙커에서 언플레이어볼 처리를 하면 1벌타 후 드롭 룰에 따라야 합니다. 볼이 벙커에 박히거나 높은 턱밑에 있을 경우 언플레이어볼 처리를 할 수 있습니다. 이 같은 경우는 최악의 경우를 방지하기 위해서입니다. 무리하게 샷을 강행하는 것보다 언플레이어볼로 1벌타를 받고 다음 샷을 할 수도 있습니다.

■볼이 배수구에 빠져 있어요.

물을 배수하기 위해 만들어 놓은 배수구는 움직일 수 없는 인공 장해물입니다. 따라서 스탠스를 취하거나 스윙을 하는데 배수구가 방해가 되면 구제를 받을 수 있습니다. 일시적으로 고인 물인 캐주얼 워터, 카트 도로 등도 마찬가지로 구제받는데, 가장 가까운 구제지점에서 1클럽 이내에서 드롭 하여 쳐야 합니다.

■노란 말뚝과 빨간 말뚝의 차이는 무엇입니까?

노란 말뚝은 워터해저드이며, 빨간 말뚝은 래터럴 워터해저드라고 합니다. 노란 말뚝은 볼이 들어갈 경우 벌타 없이 해저드 안에서 볼을 칠 수 있지만 도저히 칠 수 없을 경우 1벌타를 받은 뒤 볼이 들어간 지점 뒤에서 드롭 하여 2구를 쳐야 합니다. 빨간 말뚝은 들어간 지점이 아닌 홀에 가깝지 않은 지점에서 1벌타 후 두 클럽 길이 내에 드롭 하여 2구를 칠 수 있습니다.

■잠정구는 언제 왜 치는가요.

잠정적으로 치는 볼을 잠정구라 합니다. 원구가 분실되거나 OB에 떨어질 염려가 있을 경우 시간 절약을 위해 치는 볼입니다. 잠정구를 칠 때는 동반 플레이어에게 반드시 잠정구를 치겠다는 의사 표시를 하고 쳐야 합니다. 원구가 위험해 잠정구를 치고 나갔는데,

원구가 정상적인 플레이가 가능할 경우 원구로 플레이를 속개하면 되지만 원구를 5분 안에 찾지 못하거나 원구가 OB가 났을 경우 잠정구가 인플레이 볼이 되어 플레이를 속개하면 됩니다.

■클럽은 몇 개까지 가지고 나갈 수 있는가요.

정규 라운드를 할 때 갖고 나갈 수 있는 클럽은 14개까지입니다. 14개를 넘는 클럽을 가지고 플레이할 경우 규칙 위반이 있었던 각 홀에 대하여 2벌타를 부과합니다. 다만 벌타 수는 1라운드에 최고 4타까지로 합니다.

■어드레스 후 볼이 움직였어요.

골퍼에게 1벌타입니다. 어드레스는 스탠스를 취하고 클럽헤드를 볼 뒤에 갖다 댄 것을 뜻합니다. 볼을 치기 위한 준비 자세를 마쳤기 때문에 어드레스 후 볼이 움직이면 골퍼에게 책임이 돌아갑니다.

■플레이 중 볼을 바꿀 수 없나요.

한 홀에서 티샷 볼은 특별한 사정이 없는 한 그 볼로 홀아웃해야 합니다. 그렇지 않으면 2벌타를 받습니다. 다만 한 홀에서 플레이 중 볼을 바꿀 수 있는 경우가 예외적으로 허용하고 있습니다.

■볼을 찾아야 할 의무가 있는가.

플레이어는 볼을 5분간 찾을 권리는 있어도 찾아야 할 의무는 없습니다.(2019년 개정될 속도 규정 5분에서 3분으로, 한스트로크 40초 이내)

🏌 골프 용어

◉그늘집(The Shade House) 홀 중간 중간에 마련된 간단한 휴게 소로서 식음료를 파는 곳.

◉그린 피(Green fee) 골프 한 라운드를 하는데, 드는 비용으로 골 프장에 지불하는 코스 사용료.

◉다운 블로(down blow) 톱 오브 스윙에서 내리친 클럽 헤드의 중 심이 최저점에 이르기 전에 볼을 치는 타법.

◉더블 보기(double bogey) 해당 홀의 기준 타수보다 2타수 많은 스코어.

◉도그 레그(dog leg) 개의 뒷다리처럼 굽은 코스. 우(또는 좌)형으 로 굽은 코스.

◉드로우(draw) 오른쪽에서 왼쪽으로 휘어지는 샷.

◉디보트(divot) 볼을 쳤을 때 잔디나 흙이 클럽헤드에 닿아 패어진 곳.

◉라운드(Round) 코스에서 플레이하는 것.

◉러프(Rough) 스루 더 그린(through the green) 가운데, 페어웨 이 바깥쪽에 풀을 깎지 않고 자연 그대로 놓아 둔 지대.

◉로스트볼(lost ball) 잃어버린 공.

◉로컬룰(local rule) 골프에서 코스의 특수 조건 때문에 그 코스에 서만 적용되는 특별한 규칙.

◉매치 플레이(Match play) 각 홀마다 승부를 가리는데, 타수(打 數)가 적은 쪽을 그 홀의 승자.

◉버디(birdie) 1홀에서 기준 타수보다 1타 적은 타수로 홀인(hole in)하는 것.

◉벙커(bunker) 모래가 가득 찬 해저드.

◉보기(bogey) 각 홀의 파(par)보다 1스트로크 많은 스코어.

⊙볼 마크(Ball mark) 볼이 떨어진 충격으로 퍼팅그린 위에 생긴 움푹 패인 자국.

⊙스루 더 그린(through the green) 코스 내에서 현재 플레이하는 홀의 티 그라운드 및 배팅 그린과 모든 해저드를 제외한 나머지 모든 지역.

⊙스트로크(stroke) 공을 올바르게 칠 의사를 가지고 클럽을 전방을 향해 휘두르는 동작.

⊙스트로크 플레이(stroke play) 특정의 경기장에서 정지된 공을 골프채(club)로 쳐서 정해진 구멍(hole)에 넣고, 그 타수가 많고 적음으로 승부를 겨루는 운동경기.

⊙슬라이스(slice) 오른손잡이의 경우, 타구가 비구선(飛球線)보다 우측으로 꺾여 휘는 것.

⊙아웃오브바운즈(Out of Bound) 보통 OB라고 이야기하는 골프 코스에서 플레이가 금지된 지역을 말한다. 그 경계는 보통 흰 말뚝으로 표시.

⊙앨버트로스(albatross) 더블 이글(double eagle)에 대한 영국 용어로 한 홀에서 그 기준 타수보다 3타수 적게 홀아웃한 것.

⊙어퍼 블로(Upper blow) 타구할 때 클럽 헤드가 스윙 궤도의 최하점을 지나 올라가면서 볼에 닿도록 하는 타법.

⊙오너(honour) 해당 홀(hole)의 티잉그라운드(teeing ground)에서 가장 먼저 티샷(tee shot)을 하는 경기자.

⊙웨지(wedge) 피칭을 할 때 사용하는 세워진 클럽(아이언).

⊙이글(eagle) 표준 타수보다도 2스트로크(stroke) 적은 타수로 홀아웃하는 것.

⊙잠정구(Provisional Ball) 볼이 경기 중 분실되었거나 OB 워터해저드 등에 들어갔을 때 플레이어가 그 위치에서 분실된 공 대신 치게 되는 볼.

◉캐디(caddie) 플레이가 진행되는 동안, 플레이어의 클럽을 운반하거나 취급하는 등 규칙에 따라서 플레이어를 돕는 사람.

◉클럽하우스(club house) 운동시설에 부속된 시설. 주로 클럽 회원이 휴식·담화·탈의·식사 등을 하기 위해 설치된 건물.

◉트리플 보기(triple bogey) 한 홀에서 기준 타수보다 세 타수 많은 것.

◉티샷(tee shot) 티잉그라운드(teeing ground)에서 공을 치는 것.

◉티오프(tee-off) 티샷을 하는 행위. 플레이의 시작을 의미.

◉티잉그라운드(teeing ground) 경기를 시작할 때 공을 치는 구역, 볼의 출발점.

◉파(par) 일반적인 경기 조건에서 각 홀에 정해진 기준 타수.

◉퍼팅(putting) 퍼팅 그린 위의 볼을 퍼트 등을 이용해서 홀에 넣는 스트로크.

◉퍼팅 그린(putting green) 홀 주위에 아주 짧게 깎은 잔디로 된 지역.

◉페어웨이(fairway) 스루 더 그린(through the green) 안에서 잔디가 고르게 깎여진 지역.

◉페이드(fade) 왼쪽에서 오른쪽으로 부드럽게 휘어지는 샷.

◉포 볼(Four Ball) A+B와 C+D의 경기로 각자의 공으로 플레이하며 그중에서 가장 적은 타수를 스코어로 정하는 매치 플레이의 한 방식.

◉포섬(foursome) 두 명씩 짝지은 두 팀 사이의 매치로, 각 플레이어가 교대로 볼 하나씩을 치는 것.

◉프런트(front) 카운터가 설치되어 있고 손님의 안내나 연락 등의 서비스를 하는 곳.

◉해저드(hazard) 코스 내에 있는 강·못·모래밭 등의 경기상의 장애물.

⊙핸디캡(handicap) 자신의 평균 타수에서 보통 18홀의 파인 72를 뺏을 때의 수치.

⊙홀(hole) ❶티잉그라운드(teeing ground)로부터 스루 더 그린(through the green)을 거쳐 퍼팅 그린에 이르는 코스를 구성하는 1단위의 구역을 뜻. ❷볼을 쳐서 넣기 위하여 퍼팅 그린(putting green) 위에 파 놓은 구멍.

⊙홀인원(hole in one) 티샷을 한 공이 단번에 그대로 홀에 들어가는 것.

⊙훅(hook) 선수가 주로 사용하는 손으로부터 반대편 방향으로 의도된 코스에서 벗어나 날아가는 공.

🌑 홀의 구성

◈홀은 한 홀 한 홀 골프 경기를 하는 그라운드를 말합니다.

서브그린 · 본그린 · 홀 · OB라인 · 러프 · 연못 · 레터널 워터헤저드 · 사이드벙커 · 크로스벙커 · 페어웨이 · 레이디스티 · 레귤러티 · 백티 · 티그라운드

◉ 코스의 구성

◆골프 경기는 18홀(보통 파72)을 단위로 하는 플레이이며, 전 지역
을 코스라고 부릅니다. 일반적으로 18홀은 파3홀, 파4홀, 파5홀
로 구성되며 각 홀마다 크기가 다릅니다.

◉ 파3홀의 구성
한 번에 그린에 올려야 하는 홀

◆파3홀에서는 티잉그라운드에서 한 번 스윙(티샷, 1타)으로 볼을
그린에 올리고 2퍼트(2타)로 홀아웃하여 3타수가 파가 됩니다.

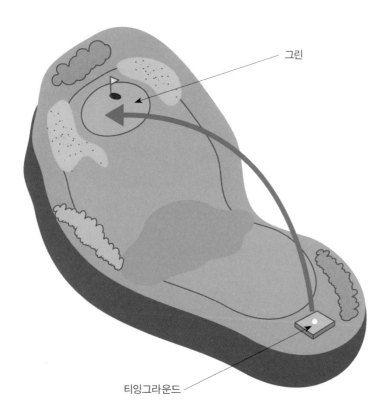

그린

티잉그라운드

🎱 파4홀의 구성
두 번에 그린에 올려야 하는 홀

◈ 티잉그라운드로부터 2타
에 그린에 볼을 올리고 그
린에서 2퍼트로 홀아웃하
여 4타수가 파가 됩니다.

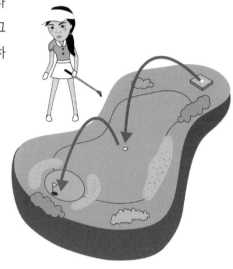

🎱 파5홀의 구성
세 번에 그린에 올려야 하는 홀

◈ 파5홀에서는 티잉그라운드
에서 3타에 볼을 그린에 올
리고 그린에서 2퍼트로 홀
아웃하여 5타수가 파가 됩
니다.

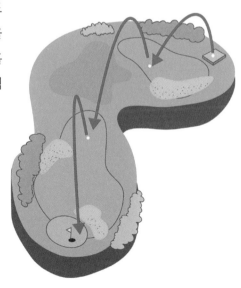

🎱 타수 계산법

◆파는 1홀 티잉그라운드에서 홀컵에 홀인하기까지의 타수를 말하
는 것으로 티잉그라운드의 기준 타수와 그린에서의 기준 퍼트수
를 더한 것이 파입니다.

◆파3홀(숏홀)에서는 3타, 파4홀(미들홀)에서는 4타, 파5홀(롱홀)
에서는 5타의 스코어가 파가 됩니다.

◆1라운드 시 골프 기본 타수는 홀의 파가 되는 파5홀 5타X4홀=20
타, 파4홀 4타X10홀=40타, 파3홀 3타X4홀=12타가 되어서 20
타+40타+12타=72타로서 1라운드(18홀)의 전체 홀에서 파가 되
는 것을 이븐파라고 합니다.

◆보기플레이는 72타에 각 홀에서 +1씩을 더해 18타가 발생하여
90개의 스코어를 보기플레이어라고 합니다.

◆초보자는 각 홀의 파에 2타씩 더해, 18홀에 36오버인 108을 목
표로 승부를 하여야 합니다.

구분	파3	파4	파5
1타	이글(eagle), 홀인원	앨버트로스(albatross)	콘도로(condor)
2타	버디(birdie)	이글(eagle)	앨버트로스(albatross)
3타	파(par)	버디(birdie)	이글(eagle)
4타	보기(bogey)	파(par)	버디(birdie)
5타	더블 보기 (double bogey)	보기(bogey)	파(par)
6타	더블 파(double par)	더블 보기 (double bogey)	보기(bogey)
7타		트리플 보기 (triple bogey)	더블 보기 (double bogey)
8타		더블 파(double par)	트리플 보기 (triple bogey)
9타			쿼트러플 보기 (quadruple bogey)
10타			더블 파(double par)

🏌 스코어카드 작성

◆공식적인 대회에서는 스코어를 본인이 적지 않고 동반 선수가 스코어러(Scorer; 국내에서는 마커)가 돼 서로 상대방의 스코어를 적습니다. 라운드가 끝나면 선수들은 자신의 스코어를 확인하고 서명한 뒤 제출하는데 이 과정에서 홀별로 꼼꼼히 확인해야 합니다.

player _____ 대회명 _____

round _____ date _____

hole	1	2	3	4	5	6	7	8	9	in	10	11	12	13	14	15	16	17	18	out	total
par	4	4	3	5	4	3	5	4	4	36	4	4	3	5	4	5	4	3	4	36	72
blue																					
white																					
score																					
putt																					

maker's signature _____ competitor's signature _____

hole	1	2	3	4	5	6	7	8	9	in	10	11	12	13	14	15	16	17	18	out	total
par	4	4	3	5	4	3	5	4	4	36	4	4	3	5	4	5	4	3	4	36	72
blue																					
white																					
score																					
putt																					

4

골프 규칙 바로 알기

05 골프 에티켓 바로 알기

🎨 매너 있는 골퍼는 전인완성입니다

◆매너 있는 골퍼란 비인간적, 비이성적 행동들을 삼가면서 페어플레이와 스포츠 정신에 입각하여 플레이하는 골퍼를 말합니다.

스포츠의 목적은 전인완성입니다. 전인완성은 심동적(신체능력), 정의적(인간의 정서, 감정), 인지적(지적 정신능력)인 목표입니다. 골프 스포츠의 완성은 운동만 잘하는 것이 아니라 지적, 정신적, 정서적, 인지적 태도와 행동까지 올바른 사람으로 성장시키기 위한 전인교육이어야 합니다.

베스트 골퍼인가
워스트 골퍼인가

볼을 잘치고 동반자를 배려하는 골퍼인가요.
진행도 느리고 매너를 지키지 않는 골퍼인가요.

괜히 볼이 안 맞는다고 클럽이나 볼을 던지는 등 멘탈이 안 되는 골퍼인가요.

좋은 매너가 있고, 좋은 골퍼가 있습니다.
운동 시에 삼가야 할 잘못된 언행이 있습니다.

스포츠맨십에 어긋난 골프 룰을 위반해서는 안 됩니다.
과격한 언행은 삼가야 합니다.
과도한 음주와 내기는 게임의 분위기를 망칩니다.
권위적인 언사나 폭언으로 품격을 떨어뜨려서는 안 됩니다.

알까기 골퍼
기브 골퍼 진상 골퍼
음주 골퍼 내기 골퍼
슬로 골퍼 거풀 골퍼
슬쩍 골퍼 손님 골퍼

🟡 라운드 전 에티켓

■입장 시 에티켓

골프는 예약제입니다. 시간별로 예약이 되어 있으므로 항상 여유 있게 골프장에 도착하여 접수 후 운동 복장으로 갈아입고, 준비 되어야 합니다. 스코어보다 좋은 평가를 받는 매너를 지키고 티 오프 시간 30분 전에 도착합니다. 복장은 청결하게 거추장스럽지 않게 단정해야 합니다. 라운드에 필요한 준비물을 확인하고 경기 진행원의 안내에 최대한 협조해야 합니다.

■레스토랑 에티켓

레스토랑에서는 탈모를 하고, 큰소리로 이야기하여 옆 사람에서 방해가 되지 않도록 주의하면서 운동 티업시간과 동반자 숙지해 야 합니다.

■첫 티에 임하는 에티켓

첫 티 도착은 최소 출발 시간 10분 전에 도착하여 플레이 순서를 확인해야 합니다. 볼, 티, 피치마크, 볼 마크 등 라운드에 필요한 용품을 준비합니다. 동반 경기자가 초면이라면 먼저 자신을 소개하고 좋은 플레이를 바란다는 인사말을 건네는 것은 기본이며 자신이 칠 볼의 종류와 식별마크를 같은 조의 동반 경기자들에게 알려주고 클럽에서 지정한 티에서 순서대로 티샷 준비를 해야 합니다.

핸드폰 골퍼
나홀로 골퍼

🏌 라운드 중 에티켓

■게임 중 에티켓

플레이 순서를 잘 지켜야 합니다. 플레이어는 플레이 경기 속도를 맞추어야 합니다. 느린 플레이는 경기를 즐기는 모든 사람에게 좋지 않은 영향을 주므로 앞의 홀이 비어있지 않도록 경기 속도를 맞추어야 합니다. 빠른 경기 속도를 위해서는 연습 스윙을 지나치게 여러 번 하지 말고 자신의 순서가 되었을 때 바로 플레이할 수 있도록 준비를 합니다. 볼이 분실되거나 OB에 들어갔을 가능성이 조금이라도 있을 때는 잠정구를 쳐야 합니다.

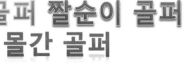

꿈뱅이 골퍼
5분 골퍼 짤순이 골퍼
몰간 골퍼

■동반자에 대한 에티켓

골프는 멘탈 스포츠입니다. 배려하는 파트너십이 있어야 합니다. 사람들의 정신 상태에 따라 플레이에 큰 영향을 주기 때문에 다른 사람들의 순서에서 움직이거나, 말하거나, 불필요한 잡음을 내어서는 안 됩니다. 다른 사람의 플레이를 방해하지 않고 정숙해야 합니다. 티잉그라운드에서는 자신의 차례가 될 때까지 티업하지 않아야 합니다. 특히 다른 사람이 플레이 하려고 할 때 볼이나 홀 바로 뒤에 가까이 서 있으면 안 됩니다. 휴대전화 사용, 흡연으로 동반자에게 불편을 주어서는 안 됩니다.

사이렌 골퍼
핸드폰 골퍼

■퍼팅 그린 에티켓

퍼팅 그린에서는 멘탈이 가장 크게 발생하는 예민한 장소입니다. 다른 플레이어의 퍼팅선 위를 걷지 말고 홀에 가까이 서있는 것은 절대 금물입니다. 다른 사람의 퍼팅선 위에 서거나 그림자를 지게 해서도 안 됩니다. 동반자들 간에 잡담을 해서도 안 됩니다. 깃대는 조심스럽게 다루고 그린을 떠나기 전 홀에 다시 잘 꽂아 놓는 것도 중요합니다.

기브 골퍼
나홀로 골퍼

🏌 라운드 후 에티켓

■현장에서의 에티켓

게임이 끝나면 동반자들 간에 수고했다는 인사와 함께 악수를 교환합니다. 캐디와도 수고했다는 격려를 하구요, 캐디피를 정중하게 지불합니다. 골프클럽의 분실여부에 대한 확인을 하고 차량에 클럽을 인도할 수 있도록 협조를 합니다.

무매너 골퍼

■욕탕에서의 에티켓

욕탕에서는 욕탕 예의를 지켜야 합니다. 탕에 들어가기 전에 먼저 샤워를 한 후 들어가야 하며 다른 사람에게 혐오감을 주는 행동은 자제해야 합니다. 특히 큰소리로 이야기하는 것은 삼가야 합니다.

쉽고 간편하게 그림으로 배우는 알짜빼기 골프②

사이렌 골퍼

🏌️ 라운드 예비지식

■준비 운동

라운드 전 준비 운동은 필수입니다. 부상을 방지할 수 있을 뿐만 아니라 원활한 스윙에 도움을 주기 때문입니다. 성공적인 첫 티샷을 위해서는 충분히 몸을 풀어야 합니다. 자료에 의하면 스윙 전 어드레스 자세를 취했을 때 척추에 가해지는 부담이 평소에 2.2 배이고, 스윙 중에는 약 8배의 힘이 가해집니다.(헬스조선 2014. 8.14).

부상은 근육이 경직된 상태에서 스윙을 할 때 발생되는데, 요추 염좌나 허리디스크가 탈출되는 부상을 입기 쉽습니다. 힘을 많이 사용하는 히터형 골퍼나 유연성이 떨어지는 노년층은 척추와 관절의 부담이 커 주의해야 합니다.

▲허리, 어깨를 조심

■상해 예비지식

골프클럽은 무서운 흉기가 될 수 있습니다. 스윙 시에는 큰 힘이 실리기 때문에 연습 스윙을 하거나 볼을 칠 때 클럽, 볼 또는 다른 물체에 의해 다칠 위험이 있는지 확인하고 스윙해야 합니다. 앞 조의 플레이어들이 볼의 안전거리 범위 밖으로 나갈 때까지 볼을 치면 안 됩니다. 볼을 치려고 할 때 코스 관리인들을 맞힐 염려가 있거나 날아간 볼이 누군가를 맞힐 위험이 있다면 '볼' 또는 '포오(fore)'라고 큰소리로 외쳐 경고를 줍니다.

▲스윙, 연습 스윙 시 조심   ▲타구 사고를 조심

쉽고 간편하게 그림으로 배우는 알짜배기 골프 ②

06 파워 기르기

🏌 골프 스윙의 물리학적인 이해

◈원호를 그리는 클럽은 원심력, 몸의 중심으로는 구심력이 발생합
니다. 이는 작용과 반작용의 법칙이며, 스윙은 백스윙에서 다운스
윙으로 전환되는 시점에서 가속도의 법칙이 적용되어 파워를 내
게 됩니다. 임팩트 이후 관성의 힘으로 팔로우스루, 피니시로 이
어지게 됩니다.

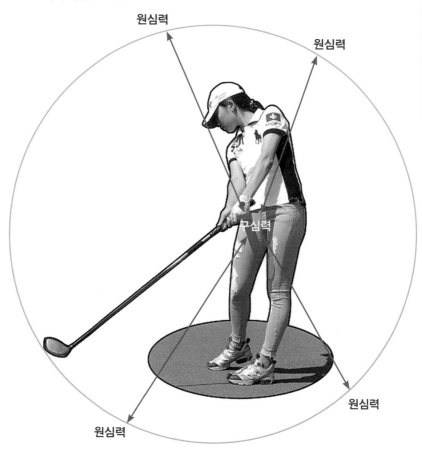

🌑 운동의 법칙

◆물체의 움직임을 말하는 운동은 물체에 힘을 작용하면 모양이 바뀌거나 운동 상태를 변화시킵니다. 물체의 질량 및 힘의 개념을 명확히 하여 준 뉴턴의 운동법칙은 골프 스윙에도 유효합니다. 골프 스윙의 동작은 기본적으로 척추를 중심으로 팔과 골프클럽이라는 두 요소가 팔목이라는 유연한 조인트를 중심으로 몸통 회전을 동시에 합니다. 이처럼 골프의 스윙 동작 시 볼을 쳤을 때는 타격과 속도 등 운동의 법칙이 적용됩니다.

■관성의 법칙(The law of Inertia)

물체의 질량 중심은 외부 힘이 작용하지 않는 한 일정한 속도로 움직입니다.

■가속도의 법칙

외부에서 가해지는 힘은 물체의 운동 상태를 변화시킵니다.

■작용과 반작용의 법칙

물체에 힘을 가하면 반대 방향으로 같은 크기의 힘이 가해집니다.

골프 스윙에 근력이 필요한가요

◆골프에 있어서 힘의 역할은 매우 중요합니다. 표준 스윙에서 남자 프로 골퍼의 헤드 스피드는 105마일로 이 스피드를 내기 위해 소모되는 힘은 약 2마력쯤 됩니다. 2마력의 파워를 내기 위해서 필요한 근육은 16파운드입니다. 근력 운동을 해야 하는 이유는 몸의 근육이 성장하게 되는데, 근육은 에너지를 많이 필요하기 때문입니다. 일반적으로 팔의 근육량은 20파운드, 다리의 근육량은 40파운드로 봅니다. 결국 스윙을 하면서 근육을 최대한 쓰면 그만큼 거리를 낼 수가 있습니다.

6
파워 기르기

상완근　전완근

대퇴직근

🎱 파워 골반

◆정확성과 일관성을 위해 스윙은 간결해야 합니다. 파워를 내기 위한 스윙의 올바른 순서는 골반에서 시작하여 가슴, 그리고 팔이 클럽헤드로 전달되어 발사되어야 합니다.

❶골반(pelvis) ❷가슴(chest) ❸팔(arms) ❹클럽헤드(club head)

쉽고 간편하게 그림으로 배우는 알짜배기 골프 ②

⚫ 유연성 트레이닝

◈유연성은 힘을 내기 위한 원천입니다. 골프 스윙에서 유연성 트레이닝은 체계적이어야 합니다.

광배근

삼각근

대퇴직근(앞면)
햄스트링(뒷면)

비복근

•상해 예방	•바른 자세 유지
•빠른 피로 회복	•심리 상태 개선
•체력 향상	•신체 감각 증진
•경기력 향상	

6
파워 기르기

⊙ 근력 운동을 위한 관절 가동 범위 훈련

■윈드밀 훈련입니다

어깨넓이로 골프 스윙보다 좀 더 많이 힙을 뒤로 빼면서 상체를 숙입니다. 무릎은 정면을 바로 보게 하며 팔을 일자로 벌리면서 시선은 올라가는 쪽 손끝을 향합니다. 주의 사항은 허리가 구부러지지 않도록 상체는 제자리에서 움직이도록 합니다. 먼저 오른쪽으로 10회 회전하고 왼쪽도 반복합니다.

골프 스윙을 위한 훈련입니다.

기립근

삼각근

승모근

⚽ 골프 자세를 이용한 고강도 훈련

■외다리 골프 자세입니다

올바른 척추각을 유지합니다. 외다리로 어드레스를 하고 백스윙 자세에서 팔로우스루 자세로 외다리 스윙을 합니다. 편안하고 안정된 마음으로 균형을 잡아야 합니다. 무게 중심과 저항을 이겨내는 훈련이며, 밸런스를 유지시켜 주는 훈련입니다. 양발을 반복해서 연습합니다.

몸의 균형을 위한 훈련입니다.

6 파워 기르기

■기마 자세에서 상체로테이션

기마 자세를 취합니다. 머리를 고정합니다. 두 손를 잡고 오른쪽
에서 왼쪽으로 골프 스윙하듯 상체 회전을 합니다. 균형 잡은 자
세를 유지합니다. 등 및 허리 근육을 강화시킵니다.
흉추 회전으로 코어 안전성을 확보합니다.

상체 회전 능력을 극대화시켜 주는 훈련입니다.

대퇴직근

비복근

기립근
광배근

삼각근

장요근

■골프 스탠딩로테이션

어드레스 자세를 취합니다. 클럽을 양손으로 몸과 평행하게 어깨 높이까지 들어 올려서 잡습니다. 천천히 백스윙에 이어 피니시 자세로 회전합니다. 올바른 골프자세를 유지해 줍니다. 전신 근육을 이완시켜 줍니다.

힙, 바디턴 기능을 향상시켜 주는 훈련입니다.

기립근

장요근

대둔근

07 휘두르는 스윙법 알기

🎱 스윙 개념

◈골프 볼을 치는 것은 어디까지나 스윙에 의해 결과적으로 나타나
는 한 과정으로, 볼을 치는 임팩트는 전체 스윙의 한 과정입니다.
골프 스윙의 동작은 의식적인 동작과 관성적인 동작이 있습니다.

두 손이 허리높이 근처에 올 때 까지 의식적으로
클럽과 팔, 어깨를 함께 움직이면서 백스윙

테이크어웨이 ▷ 백스윙 허리높이 ▷ **의식적인 동작**

백스윙 후반부부터는 각기 탄력에 의해 스윙의 꼭대기로 이행하는 관성적인 동작

다운스윙 ▷ 임팩트 ▷ 팔로스로우 ▷ **관성적인 동작**

이후는 관성에 의해
스윙이 진행

임팩트직후오른손목이 펴지면서
오른팔과 샤프트가 일직선 될때

🏀 원운동과 관성

◆운동 방향에 수직입니다.

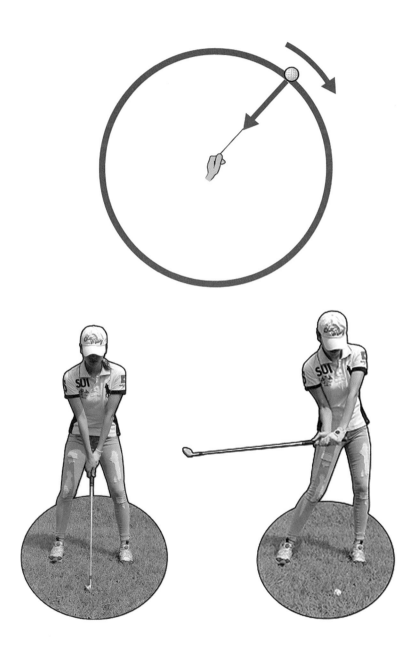

🌑 왼손 스윙 터득하기

◆오른손을 뒷짐을 지고 왼손은 자연스럽게 어드레스 합니다. 턱은 고정한 채로 왼팔은 최대한 백스윙합니다. 턱은 고정한 채로 왼팔을 팔로우스루합니다.

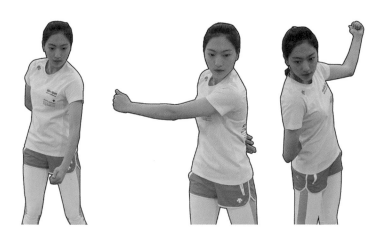

🌑 오른손 스윙 터득하기

◆왼손으로 오른손 상완부를 잡고 어드레스 합니다. 왼팔은 오른팔을 잡아당기면서 오른팔은 백스윙합니다. 턱은 고정한 채로 오른팔은 팔로우스루합니다.

🏌️ 스윙의 연습

◆일관성은 동작의 단순화입니다. 단순화는 직선운동과 원운동의
조화입니다.

■1단계-어드레스, PGA스윙입니다.
PGA(Posture, Grip, Alignment)를
지켜야 합니다.

■2단계-Y자 스윙, 똑딱이 스윙입니다.

■3단계−코킹 스윙, 임팩트 스윙입니다.

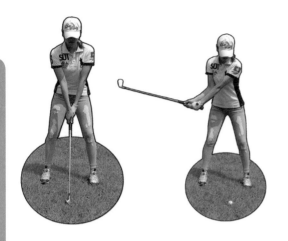

■4단계−L자 스윙, 일관성 스윙입니다.

08 자신의 스윙 찾기

🏐 임팩트와 힘

◆골프 스윙에서 가장 중요한 구간이 임팩트입니다. 임팩트는 왼쪽 발부터 왼쪽 어깨까지 타깃을 바라보게 하는 힘으로 유지되어야 합니다.

⚲ 효율적인 임팩트

◆임팩트 효과를 높이려면 오른쪽 발을 타깃 방향으로 밀어주어야
합니다.

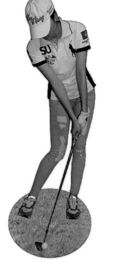

⚲ 임팩트 연습 방법

◆어드레스 자세에서 임팩트 자세로 바로 넘어가는 자세를 반복적
으로 연습합니다.

▲어드레스　　　▲임팩트

쉽고 간편하게 그림으로 배우는 알짜배기 골프 ②

🏌 골프 스윙과 지렛대 효과

◈헤드 무게를 느껴야 합니다. 한 팔로 클럽을 잡고 팔을 죽 펴고 클럽과 팔이 지면과 수평이 된 상태에서 클럽이 중력에 떨어지는 속도에 맞춰 앉습니다. 손목만을 이용해서 헤드를 들어 올려보면 굉장히 무겁습니다. 들어 올린 헤드를 다시 원위치로 떨어지면 들어 올릴 때는 손목에 힘이 많이 필요하지만 내릴 때는 전혀 필요 없습니다.

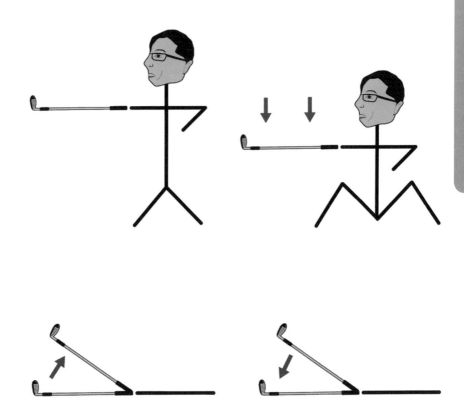

8
자신의 스윙 찾기

🏌 골프 스윙과 체중 이동

◆백스윙에서 다운스윙 전환은 하체의 체중 이동으로 시작되어야
　합니다.

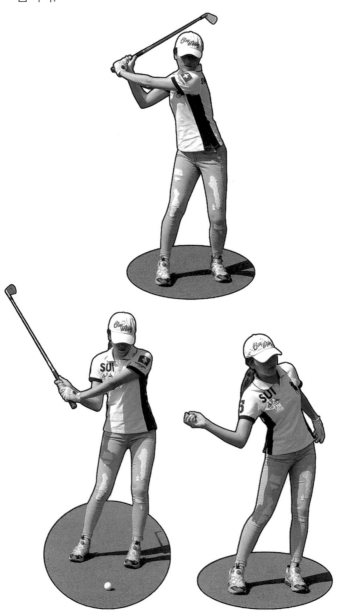

🔵 볼이 비행하는 원리

◈볼은 골프 볼의 딤플에 의해 지구의 중력장에서 양력에 의해 날
아가도록 되어 있습니다.

작용과 반작용에 의한 양력 발생

양력

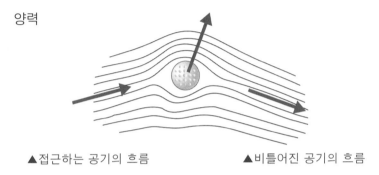

▲접근하는 공기의 흐름   ▲비틀어진 공기의 흐름

🔵 클럽의 로프트에 의해 볼은 날아간다

◈볼의 비행은 볼이 클럽의 페이스에 타격되었을 시에 클럽의 로프
트각에 의하여 자연스럽게 볼은 떠서 날아가도록 클럽이 설계되
어 있으므로, 몸으로 일부러 퍼 올리는 인위적인 자세는 하지 않
아야 합니다.

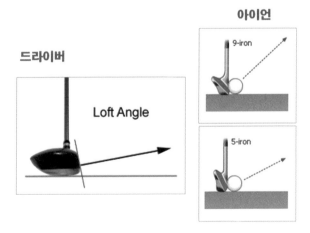

아이언

드라이버

8
자신의 스윙 찾기

⚽ 볼이 직구로 날아가려면

◆직구로 볼이 비행하려면 백스핀 축이 수평으로 발생되어야 똑바로 날아갑니다.

볼이 똑바로 날아가는 이유   볼이 옆으로 날아가는 이유

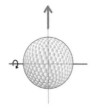
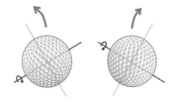

좌우로 휘지 않는 이유는
백스핀 축이 완벽하게
수평일 경우

좌우로 휘는 이유는 백스핀 축이
한쪽으로 기울어질 경우

09 간결한 스윙 바로 알기

🎱 충분히 꼬여 있는 어깨

■드라이버의 간결한 백스윙

백스윙 시 클럽 샤프트가 지면에 평행이 되어 있지 않습니다. 과거 스윙의 경우 드라이버 샤프트가 지면과 평행을 이루는 백스윙톱이었지만, 현대 백스윙의 경우 샤프트가 지면과 평행을 이루고있지 않고 왼쪽 어깨는 충분히 꼬여 있는 상태로 백스윙이 되어있습니다. 간결한 스윙은 백스윙이 팔로 높게 올려 만들기 보다는 손과 팔 동작을 억제한 상태에서 어깨의 강한 턴이 필요한 스윙입니다.

■아이언의 간결한 백스윙

손과 팔을 높게 올리는 백스윙을 하기 보다는 어깨의 강한 턴으로 백스윙을 마무리해야만 합니다. 아이언의 간결한 스윙은 손과 팔의 동작을 신경을 쓰지 않은 상태에서 마치 3/4 스윙으로 백스윙을 하는 느낌이 들어야 합니다. 대신 백스윙의 크기가 작아지지만 어깨의 턴은 충분히 꼬여주어야 합니다. 꼬임을 주기 위하여 왼쪽 어깨를 옆으로만 돌리려 하면 스윙 궤도가 지나치게 몸 안쪽으로 백스윙이 이루어지기 때문에 왼쪽 어깨가 자신의 오른발로 직선으로 밀고 오는 느낌으로 꼬여져야 합니다.

⛳ 다운스윙의 핵심

◈다운스윙의 시작은 오른발로 옮겨온 체중을 왼발로 이동시켜 주는 것입니다. 원활한 체중 이동은 완벽한 임팩트를 위한 원천입니다.

체중 이동이 다운스윙의 핵심입니다.

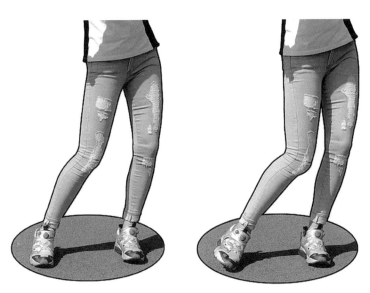

🏌️ 체중 이동 연습은 어떻게 해야 하나요.

■실외에서 하는 연습 방법

백스윙 시에는 왼발에서 체중을 오른발로 옮기고 다시 다운스윙할 때는 왼발을 땅에 확실히 디뎌 정확한 체중 이동을 익히는 게 중요합니다.

■실내에서 하는 연습 방법

양손을 X자로 가슴 위로 크로스시켜 어드레스 합니다. 오른쪽 허벅지를 지지하면서 백스윙으로 몸을 코일링합니다. 시선은 고정한 채 다운스윙으로 이어지면서 왼발로 체중 이동시킵니다.

9 간결한 스윙 바로 알기

🌕 장타를 위한 연습 방법

◆왼손은 클럽 그립부분을 잡고 오른손은 샤프트를 잡고 백스윙합
니다. 목표 방향으로 다운스윙할 때 몸통을 먼저 오픈하여 임팩트
자세를 향해 양손이 구부러지지 않을 때까지 계속해서 몸통을 회
전시킵니다.

10 볼을 굴리고 띄우는 법 알기

🎱 운동감각
소뇌는 평형감각과 운동신경을 담당

◆뇌는 대뇌, 중뇌, 소뇌로 이루어져 있으며, 소뇌는 대뇌 아래, 중뇌 뒤쪽에 있습니다. 크기는 대략 대뇌의 1/8 정도이며, 뇌 전체 무게의 10% 정도를 차지하고 있습니다. 소뇌에서는 근육의 긴장과 이완 같은 운동 기능을 조절하는 역할을 하며 특히 평형감각을 관장합니다.

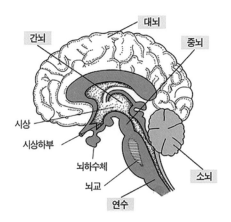

⊙대뇌 – 기억, 추리, 판단, 감정 등 정신활동
⊙중뇌 – 안구 운동, 홍채의 수축과 이완조절
⊙소뇌 – 몸의 자세와 균형 유지
⊙간뇌 – 체온, 혈당량, 삼투압조절, 항상성 유지
⊙연수 – 호흡운동, 심장박동, 소화운동조절, 반사중추

🏌 스윙의 크기로 거리 조절하는 칩샷 비율

◆칩샷은 일반적인 스윙과 달리 하프스윙 미만으로 진행되므로 백
스윙의 크기로 거리를 조절합니다. 홀과의 거리에 따라 백스윙의
크기를 3가지 정도로 나눠 ①10야드, ②20야드, ③30야드 거리
의 백스윙 스윙 크기로 조절합니다.

◀어드레스

▲10야드   ▲20야드   ▲30야드

🎨 굴리기와 띄우기의 차이

◆핸드퍼스트와 헤드퍼스트의 차이입니다. 낮은 탄도와 높은 탄도
의 차이입니다.

▲로우샷

▲하이샷

🎨 어프로치샷

◆풀스윙 이내의 거리에서 캐리와 런을 이용하여 핀을 향하여 볼을
접근시키는 상황의 샷을 말합니다. 어프로치는 숏게임으로 가까
운 상황을 연출하면서 그린 주변에서 하는 샷을 말합니다. 칩샷,
피치샷, 로브샷으로 구분합니다.

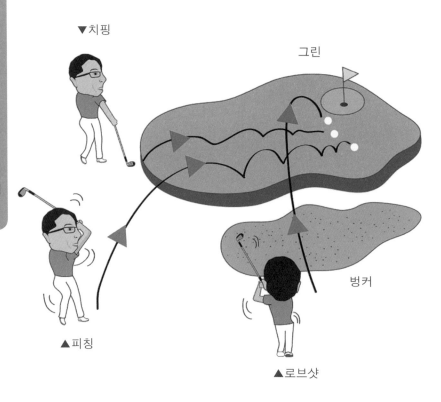

▼치핑

그린

▲피칭

벙커

▲로브샷

11 두뇌 트레이닝 해법

⚉ 두뇌 트레이닝

◆퍼팅은 두뇌 트레이닝입니다. 그린의 빠르기, 경사도, 거리 조절 등을 빠른 시간에 알아내고 자신감으로 퍼팅해야 합니다.

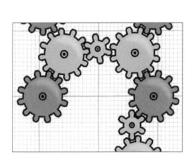

⚉ 퍼팅 거리 측정

◆홀까지의 거리를 측정하여 볼이 어떻게 굴러갈 것인가를 상상해 봅니다.

◎ 거리 3, 6, 9 계산법

◆일관된 거리를 산정하는 방법은 자신의 발걸음 횟수로 거리를 산정합니다.

▶3은 퍼터 헤드 1개 길이의 백스윙 크기에 발걸음 3걸음의 거리

▶6은 퍼터 헤드 2개 길이의 백스윙 크기에 발걸음 6걸음의 거리

▶9는 퍼터 헤드 3개 길이의 백스윙 크기에 발걸음 9걸음의 거리

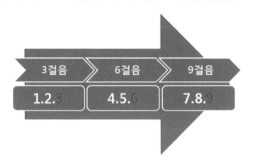

| 3걸음 | 6걸음 | 9걸음 |
| 1.2.3 | 4.5.6 | 7.8.9 |

◎ 거리 계산에 의한 스윙 크기 요령

◆일관되고 정확한 거리 계산이 되어야 합니다. 그린을 읽고 거리를 산정하기 위해 발걸음을 걸면서 거리를 세고 자신의 퍼팅 자세와 템포에 맞게 지속적으로 연습을 하게 되면 완벽한 퍼팅 감각을 세우는 좋은 방법입니다.

스트로크의 스윙 크기를 조절하여 거리 조절합니다.

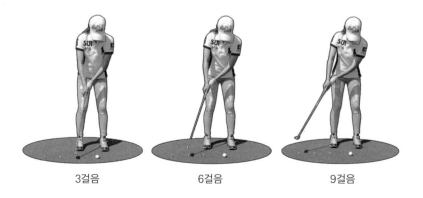

3걸음   6걸음   9걸음

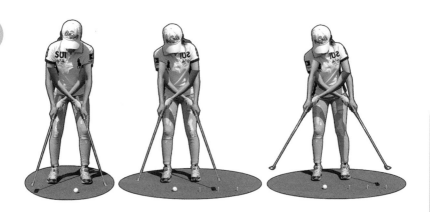

🏌 그린 주변에서 퍼터로 굴리는 요령

◆그립은 풀스윙 그립을 잡습니다. 어드레스 때는 등을 곧게 펴야
합니다. 볼을 끊어 치지 않아야 합니다. 칩샷을 하듯 힙과 무릎을
움직여야 합니다.

⚪ 하급자와 상급자의 퍼팅 비교

◆아마추어의 퍼팅은 볼의 중심과 퍼터 페이스의 중심 그리고 지면과 수평이 되도록 스윙을 하며, 퍼팅을 하면 볼과 페이스가 만나는 순간 볼은 지면에서 튀면서 굴러가는 경우가 많습니다. 상급자의 퍼팅은 볼의 중앙에서 약간 위의 지점을 퍼팅하면서 볼이 매끄럽게 굴러 가도록 약간 어퍼블로로 스트로크 하게 됩니다.

⚪ 하급자 골퍼의 퍼팅/볼이 튀면서 굴러가는 방법

◆지면과 수평인 중심선 옆으로 똑바로 칩니다.

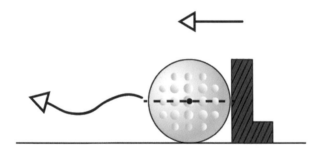

⚪ 상급자 골퍼의 퍼팅/매끄럽게 굴러가는 방법

◆중앙에서 약간 위의 지점을 어퍼블로로 칩니다.

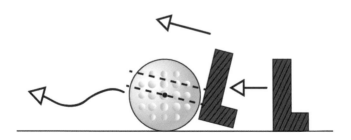

◎ 실내에서 하는 퍼팅 연습

◆두 개 볼티 또는 볼펜을 평행하게 쥐고 홀 방향으로 어깨를 움직여 스트로크하는 퍼팅 연습 방법입니다.

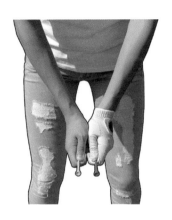 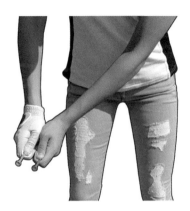

12 뉴스포츠 환경에서의 골프 건강

🏌 건강한 사회와 골프스포츠

◆ 골프는 골프장이나 연습장이라는 제한된 공간에서 높은 수준의 기술을 요구합니다. 생활 골프로 대중화되면서 이분법적인 물리적, 공간적 제약을 받는 환경에서 벗어나 함께 체험할 수 있는 공간을 제공해야 합니다. 기존의 운동연습 형식을 바꾸고, 용구를 변형한다던지 실내 공간에서도 할 수 있는 방법을 찾아내야합니다. 다양한 콘텐츠를 개발하여 다중의 사람들에게 다양한 경험을 할 수 있도록 뉴스포츠의 방식으로 찾아내고 지원되어져야 합니다. 골프아카데미활동은 인간의 다양한 능력과 잠재력을 발굴하고 스포츠 기술 습득에서 활동적인 생활 기술 습득하는 것으로 바뀌면서 사람들에게 사회생활과 여가생활에 만족도를 제공할 것입니다.

스포츠 기술
(sports skill)

생활기술
(active life)

🏐 건강한 골프 자기주도 학습 활동

◈뉴스포츠 골프 활동은 자기 자긍심을 고양시켜 신체적 자기개념
및 사회생활 만족도를 높입니다.

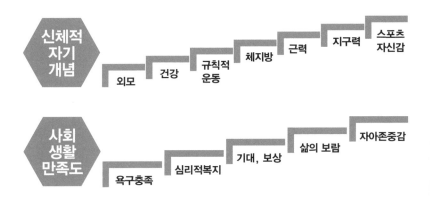

신체적 자기 개념 — 외모 — 건강 — 규칙적 운동 — 체지방 — 근력 — 지구력 — 스포츠 자신감

사회 생활 만족도 — 욕구충족 — 심리적복지 — 기대, 보상 — 삶의 보람 — 자아존중감

🏌 뉴스포츠 환경에서의 사회화 골프

◆골프의 건강성은 다중화된 사회의 정신활동에 더 큰 영향을 가져 다줍니다. 골프는 정신적인 운동으로 자아존중감, 생활만족, 사 회참여활동에 필요한 영양제입니다. 정신적 의지가 시작하여 신 체적인 활동에 미치는 효과는 골프사회화 가치를 더욱 진작시켜 줄 것입니다.

쉽고 간편하게 그림으로 배우는 알짜배기 골프 [2]

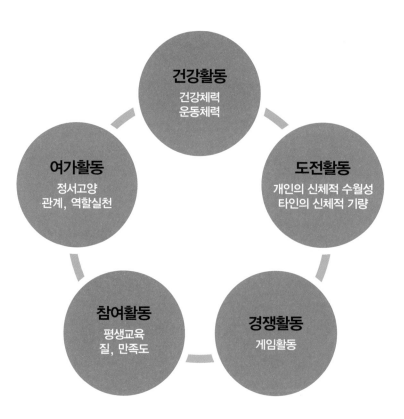